AF202854

Manuel Vila Baleato

¡Déjame en paz!

Cornelsen

¡Apúntate a la lectura!

Manuel Vila Baleato: ¡Déjame en paz!

Redaktion: Claudia Kolitzus, Berlin

Illustrationen: Rafael Broseta
Umschlagfoto: © Corbis/Westend61
Gesamtgestaltung und technische Umsetzung: werkstatt für gebrauchsgrafik, Berlin

www.cornelsen.de

1. Auflage, 4. Druck 2021

Alle Drucke dieser Auflage sind inhaltlich unverändert
und können im Unterricht nebeneinander verwendet werden.

© 2013 Cornelsen Schulverlag GmbH, Berlin
© 2016 Cornelsen Verlag GmbH, Berlin

Druck: H. Heenemann, Berlin

ISBN 978-3-06-024346-4

La pandilla[1]

Seguramente ya conoces a …

Elena

Esteban

Sarah

Javi

---

1 la pandilla *die Clique, Bande*

En esta historia también vas a conocer a …

Anisah:
es una chica nueva en el instituto

Sr. Miranda:
es el director² del instituto

Nieves:
es la profesora de Mates
y la tutora³ de 2° C

. Juan:
es el orientador⁴ del instituto

Jaime, Pedro y su grupo
de amigos:
son compañeros de la
pandilla en la clase 2° C

---

2 el / la director/-a *der / die (Schul)Direktor/-in* 3 el / la tutor/-a *hier: der / die Klassenlehrer/-in* 4 el / la orientador/-a *der / die Berater/-in*

1. Curso nuevo, vida nueva

«¿Por qué tiene que terminar tan pronto el verano?» se pregunta Esteban mientras se levanta de la cama la mañana del primer día de curso. Y es que con el mes de septiembre no sólo llegan las primeras lluvias[1], sino también las clases en el instituto. Los chicos de la pandilla no están muy contentos porque les encanta el verano, pero también se alegran de ver a sus compañeros. Los cuatro amigos van con sus mochilas a clase y hablan sobre el nuevo curso:

Elena: ¿Por qué tienen que ser tan cortas las vacaciones de verano?

Sarah: ¿Cortas? Hemos tenido vacaciones más de dos meses. No podemos quejarnos. En Alemania, por ejemplo, sólo duran seis semanas …

Elena: ¿Sólo seis semanas?

------

1 la lluvia *der Regen*

Sarah: Sí. Además, aquí en septiembre sólo tenemos clase por las mañanas, así que todavía podemos ir a la playa por la tarde …

Javi: Yo odio levantarme temprano … Creo que todavía estoy durmiendo …

Elena: Je, je, je … abre los ojos, ¿te has lavado la cara esta mañana?

Javi: ¿Qué? ¿La cara? Bah … ¡Déjame en paz!

Esteban: Je, je … La verdad es que para mí también ha sido muy difícil salir de la cama esta mañana.

Sarah: ¡Qué palo! Tenemos que ir de nuevo a clase todos los días …

Elena: No es tan terrible, es sólo un instituto: profesores, deberes, gramática, geometría, literatura, Ciencias …

Javi: Por favor, si esto es un mal sueño, ¡quiero despertarme ya!

Esteban: Uff, a veces la vida es más terrible que el peor sueño …

2. La primera clase del curso

Antes de entrar en el instituto, los chicos se encuentran con los compañeros que no han visto durante todo el verano. Todos charlan en el patio[1] y cuentan qué han hecho durante las vacaciones.

Este curso los cuatro amigos de la pandilla están en 2° de la ESO y de nuevo están todos juntos en la misma clase, en 2° C.

A las 8:45 suena el timbre[2] para entrar en clase y todos van tranquilamente a sus aulas.

Ya en la clase, los cuatro amigos se sientan en los sitios que están junto a la ventana, bastante cerca de la mesa del profesor.

Dos minutos más tarde, entra Nieves, la profesora de Mates, que es la tutora de 2° para este curso.

Nieves: ¡Buenos días a todos chicos! ¿Cómo estáis? Me imagino que habéis pasado unas vacaciones fantásticas, aunque seguro que también me habéis echado un poco de menos[3], ¿verdad?

---

1 el patio *der (Schul)Hof* 2 suena el timbre *es klingelt, läutet (Schulglocke)* 3 echar de menos a alg., a/c *jdn./etw. vermissen*

Algunos compañeros ríen el chiste de la profesora de Matemáticas, otros miran aburridos y otros intentan no cerrar los ojos …

Nieves: Bueno, ¡silencio! … Primero tenemos que hablar de algunos temas de organización para este curso, después os voy a dar el horario y la lista de vuestros profesores y después …

En ese momento alguien llama a la puerta[4] y en seguida entra el Sr. Miranda, el director del Instituto, con una chica no muy alta, delgada y con el pelo muy negro. Ahora todos están en silencio y los miran con cara de sorpresa …

---

4 llamar a la puerta *anklopfen*

3. La chica nueva

Después de saludar a la profesora, el director habla con toda la clase:

Sr. Miranda: ¡Bienvenidos chicos! Primero os quiero desear[1] a todas y a todos un año fantástico, en el que vais a aprender mucho, estoy seguro. Como veis, está conmigo una compañera nueva que se llama Anisah Nazir y que va a estar con vosotros en vuestra clase a partir de hoy.

Jaime: ¿Sabe hablar español?

Nieves: Jaime, ¡por favor! ¡Levanta[2] la mano si quieres hacer una pregunta!

Sr. Miranda: Por supuesto que habla español; aunque su familia es de Marruecos[3], Anisah nació en España y ha vivido aquí toda su vida; pero quizás prefiere presentarse ella …

Anisah: No sé …

---

1 desear *wünschen* 2 levantar la mano *sich melden*
3 Marruecos *Marokko*

Después de un pequeño silencio, Anisah levanta[4] la cabeza e intenta hablar:

Anisah: Bueno, mi familia es de Marruecos, pero … pero desde hace años vivimos en España. Hasta … hasta este verano hemos vivido en Málaga …

Nieves puede ver que Anisah está un poco nerviosa y le da vergüenza hablar frente a todos sus compañeros, así que sonríe y dice:

Nieves: ¡Muchas gracias, Anisah! ¡Bienvenida a nuestra clase! Mira, allí, al lado de Mateo, hay una mesa libre, siéntate, por favor.

Sr. Miranda: Muy bien, entonces yo me voy y así podéis seguir con la clase …

Aunque Nieves ya está escribiendo el horario en la pizarra, algunos chicos y chicas miran a Anisah y hablan sobre ella, mientras ella copia en su cuaderno los nombres de los profesores.

---

4 levantar *(hoch)heben*

4. El primer recreo y clase de Ciencias

Cuando al final de la hora suena el timbre, todos los alumnos de 2°C salen de la clase; algunos van a la cafetería, otros van a jugar al baloncesto o al fútbol; sólo Anisah se queda sola en el aula, porque todavía no conoce a nadie.

Después del recreo, los chicos tienen clase de Ciencias de la Naturaleza y, por eso, todos van en seguida al aula de Biología. Anisah espera un rato en su clase, hasta que, por fin, mira otra vez el horario. Entonces piensa: *«¡Oh, no! ¡No puedes llegar tarde el primer día, qué vergüenza!, Anisah, ¡date prisa!»*.

Diez minutos más tarde, después de buscar en todo el instituto el aula 2 de Biología, Anisah llama a la puerta y entra en la clase. Fernando, el profesor de Ciencias de la Naturaleza, no conoce a su nueva alumna y la mira con cara de sorpresa:

Anisah: Lo siento, he llegado tarde porque no he encontrado el aula.

Fernando: ¿Cómo? Perdona, ¿tú quién eres?

Anisah: Me llamo Anisah Nazir, soy la nueva alumna de esta clase.

Fernando: ¿Anisah Nariz?

Todos los compañeros se echan a reír, mientras Anisah se pone roja como un tomate.

Anisah: Mi nombre es Anisah Nazir.

Fernando: ¿Anisah Nazir? Ah, sí … lo siento, es que es un poco difícil … Anda, siéntate aquí, al lado de Esteban y Sarah.

Anisah, por fin, se sienta con los chicos mientras los otros compañeros todavía la miran y se ríen.

Durante la clase, el profe les da una actividad para trabajar en grupos. Esteban y Sarah, que terminan bastante rápido[1], charlan un poco con Anisah:

Esteban: ¡No está mal! Parece que te gustan las células …

Anisah: Bueno, la verdad es que Ciencias es mi asignatura favorita, aunque Física también me encanta.

Sarah: A mí me gustan las Mates y también los idiomas, sobre todo Inglés.

Esteban: ¿Matemáticas? ¡No, por favor! A mí me mola Educación Física.

Anisah: La verdad es que yo no soy muy amiga de los deportes.

Fernando: ¡Chicos! ¿Ya habéis terminado?

Sarah: ¡Sí! Aquí está, ya estamos listos.

Al final de la clase, los grupos presentan los resultados[2] a toda la clase y el grupo de Sarah, Anisah y Esteban recibe un sobresaliente por su trabajo.

A la salida del cole, todos los alumnos charlan en la calle y Esteban oye como algunos compañeros están hablando de Anisah. Está claro que es una chica muy inteligente, pero no todos se alegran de tener una chica nueva en clase. En esos momentos Esteban piensa en sus primeros días en Alicante y se acuerda de que no es muy fácil ser «el nuevo de la clase».

---

1 rápido/-a *schnell*   **2** el resultado *das Ergebnis*

5. Un dibujo en la pizarra

Al día siguiente, cuando los chicos de la pandilla llegan a clase por la mañana, ven que muchos de sus compañeros están hablando en grupos y se están riendo sin parar. Jaime, uno de los alumnos que se sienta en las mesas del final de la clase, tiene una tiza en la mano y Pedro, uno de sus amigos, toma su móvil y hace una fotografía.

Primero los chicos no comprenden qué pasa, pero cuando se sientan ven que alguien ha dibujado y ha escrito algo en la pizarra. Justo en ese momento entra Anisah en el aula y algunos chicos, al final de la clase, estallan de risa.

Javi, Elena, Esteban y Sarah miran a la chica nueva, pero no saben muy bien qué hacer. Anisah ve el dibujo en la pizarra y en seguida, sin decir nada, se sienta y casi se echa a llorar.

De repente, suena el timbre y entra Nieves, la profe de Mates:

Nieves: ¡Hola chicos! ¡Buenos días!

Pero nadie saluda a la profesora. Algunos chicos de la clase están callados[1], otros intentan no reír. Nieves no comprende qué pasa en la clase hasta que, en ese momento, ve por fin la pizarra:

Nieves, muy enfadada, mira a todos sus alumnos y pregunta:

Nieves: ¿Qué es esto? ¿Quién ha sido?

Ahora ya nadie se ríe en la clase, y todos miran a la derecha y a la izquierda, pero ningún compañero levanta la mano. Javi y Esteban miran a Jaime y a Pedro pero ellos no dicen nada.

Nieves: Quiero saber en seguida quién ha hecho este dibujo y no vamos a salir de aquí hasta saber quién ha sido.

---

1 estar callado/-a *ruhig, schweigsam sein*

Después de discutir durante veinte minutos sin encontrar una respuesta, la profesora decide dejar a los chicos sin recreo y sale de la clase con Anisah, para hablar con ella en privado[2]:

Nieves: Anisah, siento mucho lo que ha pasado, ¿estás bien?

Anisah no contesta, así que Nieves pregunta:

Nieves: ¿Tienes una idea de quién ha sido?

Anisah tampoco dice nada esta vez.

Nieves: Tus compañeros son muy majos, pero tienes que darles un poco de tiempo. Ya sabes que los chicos tienen muchas tonterías en la cabeza, pero, de verdad, no son malos … ¡No te preocupes, vas a ver que no es para tanto!

Mientras, en el aula, Esteban se levanta y pregunta quién ha sido, pero nadie dice nada. Algunas chicas miran hacia las últimas mesas, donde se sientan Jaime y Pedro, pero parece que tienen miedo a hablar.

Entonces Javi pregunta a los chicos en las últimas mesas:

Javi: Habéis sido vosotros, ¿verdad?

Pedro: ¿Qué dices? ¿Nosotros?

Esteban: ¡Sí, vosotros! Cuando nosotros hemos llegado a clase, yo he visto a Jaime con una tiza en la mano …

Jaime: ¿Qué dices? Vosotros estáis locos …

Elena: ¡Es verdad!

Pedro: ¡Eso es mentira!

Sarah: No, ¡yo también lo he visto!

Jaime: ¿Y eso que más da? ¿Me has visto escribir o dibujar algo en la pizarra? ¿Me ha visto alguien de la clase?

Nadie contesta. En silencio, todos los compañeros de la clase, un poco asustados[3], miran sin decir nada.

Jaime: ¿Lo veis? ¡Haced el favor y meteos en vuestros asuntos!

---

2 en privado *privat, hier: unter vier Augen*
3 asustado/-a *erschrocken, verängstigt*

6. Fin de semana

Al final, aunque no descubren el nombre del «dibujante», Anisah habla con la tutora y con los compañeros y todo termina con una bronca de Nieves.

Y así, entre deberes y clases de Física, Inglés o Literatura pasan los días de la primera semana.

El viernes, después de las clases, los chicos de la pandilla hablan sobre los planes para el fin de semana:

Sarah: Este fin de semana todavía no tenemos mucho que estudiar, así que podemos hacer una excursión en bici o ir a la playa …

Javi: ¡Siempre lo mismo! No, por favor … Además, David, el mejor amigo de mi hermano Rafa, va a hacer una fiesta mañana en su casa y ha invitado a un montón de gente …

Esteban: ¿Es su cumpleaños?

Javi: ¡No, qué va! Pero sus padres no están y … ¡va a ser genial!

Mientras los chicos siguen su camino a casa ven a Anisah sola, con su mochila, al otro lado de la calle.

Durante un momento, todos piensan en preguntarle a Anisah si quiere ir a la fiesta de David, pero al final no la invitan. Es una pena, pero … ¿quiénes son ellos para invitar a alguien a la fiesta que organiza David en su casa?

7. Otra vez lunes

La fiesta en casa de David fue genial y por eso el lunes por la mañana muchos chicos todavía están hablando del pasado sábado por la noche.

Las primeras horas de Geografía e Historia o Lengua son tan aburridas como siempre.

En el recreo, la pandilla está charlando sobre la fiesta cuando todos ven a Anisah, que se sienta sola en un rincón. De repente, Jaime, Pedro y sus amigos pasan por delante de ella y dicen algo que, desde esa distancia, Javi, Esteban, Elena y Sarah no pueden entender.

Todos miran a Anisah, que, de repente, se levanta y, sin parar, se va muy deprisa a los servicios.

Los cuatro amigos no saben qué ha pasado, pero Jaime, Pedro y su grupo entran juntos en la cafetería mientras sonríen.

Javi: ¿Lo habéis visto? Esos chicos ya están otra vez dando la lata a Anisah …

Sarah: Javi tiene razón …

Esteban: ¡Otra vez esa panda de golfos! Yo creo que tenemos que hablar con Nieves, o mejor, avisar al director Miranda …

Javi: Bueno, no sabemos qué ha pasado …

Esteban: Sarah, Elena, ¿por qué no vais a los servicios y habláis con ella?

Elena: ¿Nosotras? Pero si no somos sus amigas … Además, si Jaime y sus amigos le han dicho algo, ella no va a hablar con nosotros sobre el tema …

Sarah: Podemos intentarlo …

Esteban: Por favor Elena, ve a a hablar con ella, hazme el favor …

En seguida, las dos chicas van a los servicios y buscan a Anisah, pero no la encuentran. Gritan su nombre muchas veces, pero nadie contesta. Miran por debajo de todas las puertas pero no ven a nadie y vuelven con los chicos.

Elena: Lo siento, Anisah no está en el baño …

Esteban: ¿Cómo? Pero, la hemos visto entrar …

Entonces, suena el timbre del final del recreo y los chicos van a su clase cuando, de repente, ven a Anisah que sale de los servicios con la cara muy roja y se da prisa para no llegar tarde a clase.

8. Tonterías

Cuando los chicos llegan al aula, intentan hablar con Anisah, pero entonces entra la profe de Religión y empieza la clase.

Al final de la hora, Esteban y Sarah se sientan junto a Anisah y le preguntan si está bien.

Anisah: Gracias, estoy bien; no pasa nada …

Esteban: ¿Se han metido contigo Jaime y Pedro?

Anisah: No, Esteban, tranquilo, ¡no importa!

Esteban: Pero, hemos visto que te han dicho algo en el recreo.

Anisah: No es para tanto … Sólo son tonterías …

En ese momento los chicos escuchan a Pilar, la profe de Inglés, que entra en la clase con su «*Good morning!*» y todos los alumnos vuelven a su sitio.

El timbre suena al final de la clase, pero cuando Sarah y Esteban terminan su actividad comprueban que Anisah ya no está en clase.

9. Una silla libre

El martes los cuatro amigos llegan muy temprano al instituto. Esteban espera a Anisah delante de la puerta del aula para hablar con ella, pero Anisah no va a clase esa mañana.

Como todos los martes a las 8:45, Jacobo, el profe de Física, empieza con su clase y toda la mañana sigue sin sorpresas para los alumnos de 2°C.

Varias veces Esteban mira la silla de Anisah y se pregunta por qué no ha venido hoy a clase.

En el recreo, los amigos charlan sobre los deberes, las notas y también sobre sus compañeros de clase.

Esteban: Anisah ha faltado hoy a clase …

Sarah: Es cierto, yo también lo he pensado … Seguro que está enferma.

Sarah: ¿Enferma? No sé …

Elena: Bueno, no te preocupes … Seguro que mañana ya viene otra vez a clase.

Pero el miércoles, otra vez, hubo una silla libre toda la mañana en la clase 2°C.

10. Examen sorpresa

El jueves Anisah, mucho mejor después de dos días con dolor de cabeza, volvió por fin a clase. Aunque los chicos intentaron hablar con ella sobre el problema con Jaime y Pedro, Anisah no les contó nada y la semana terminó muy tranquila.

La semana siguiente empieza con una sorpresa. Después del recreo, en la tercera hora, Jacobo; el profesor de Física, entra en el aula con un montón de papeles[1] y dice:

Jacobo: ¡Buenos días chicos! ¿Qué tal ha ido el fin de semana?

Todos: ¡Bien! ¡Genial!

Jacobo: ¡Perfecto! Pues ahora … ¡Examen sorpresa!

Todos: ¿Qué? ¡No! ¡Qué fuerte! …

Jacobo: ¡Silencio, por favor! Habéis tenido tiempo de sobra para estudiar durante el fin de semana …

Cuando Jacobo les da los exámenes, todos miran las actividades con un poco de miedo, pero después de unos minutos algunos alumnos ven que no es tan difícil …

Jacobo: Son las 11:30, el tiempo se ha terminado chicos. Por favor, dejad los exámenes encima de² mi mesa y salid del aula.

Poco a poco los alumnos salen de la clase y en el pasillo casi todos dicen lo mismo:

Pedro: ¡Qué palo! … Yo seguro que saco un suspenso …

---

1 el papel *das Papier, der Bogen* 2 encima de *hier: auf*

11. ¿Sobresaliente?

Unos días más tarde, Jacobo, el profesor de Física, llega a clase y les dice a sus alumnos que ya ha corregido[1] los exámenes. Un poco nerviosos, todos los chicos esperan en sus sitios mientras reciben los exámenes con las notas.

Sarah: ¡Qué guay! ¡Un notable!

Esteban: Bueno, yo sólo tengo un aprobado, pero es mejor que nada …

Elena: Yo también tengo un notable y Javi …

De repente, desde el fondo[2] de la clase, Pedro parece que está medio loco y grita:

Pedro: ¡Otro suspenso! Estoy harto de este instituto …

Jaime: Yo tampoco he aprobado. ¡Siempre lo mismo! Estoy hasta las narices …

Pedro: Pues mira, por cierto, la señorita Nariz ha sacado un sobresaliente …

Jaime: ¡Vaya empollona!

Pedro: ¡Seguro que ha copiado con chuletas!

Anisah: Pero, ¿yo qué os he hecho? ¿por qué me odiáis si no me conocéis?

Jaime: Yo no tengo que conocerte para odiarte …

Jacobo: ¡Basta ya! Si Anisah tiene una buena nota y vosotros no, es porque ella ha estudiado. A ver si vosotros os ponéis las pilas …

---

1 corregir *korrigieren*
2 desde el fondo *aus dem hinteren Teil, von hinten*

12. Una foto en Internet

Durante los primeros meses de curso, cuando normalmente todavía hace buen tiempo y no hace mucho frío, los amigos de la pandilla se encuentran casi todos los días en el parque del barrio después de hacer los deberes.

Cuando llega el invierno y llueve o hace frío, normalmente los chicos se quedan en casa y chatean por Internet o hablan por teléfono. Muchas veces pasan un montón de tiempo en las redes sociales[1].

De repente, una tarde, Anisah llama por teléfono a Sarah:

Sarah: ¿Dígame?

Anisah: ¡Hola Sarah! Soy … soy yo, Anisah.

Sarah: ¡Hola! ¿Qué tal?

Anisah: No sé, la verdad es que …

Sarah: ¿Qué pasa? Pareces un poco nerviosa …

Anisah: Bueno, es que … ¿Tienes tu ordenador cerca?

Sarah: Sí, claro … estoy en mi habitación, ¿por qué?

Anisah: Es tremendo … En la página de la red social, en el grupo del instituto, alguien ha puesto una fotografía del dibujo que el otro día los chicos hicieron de mí en la pizarra de clase, ¿te acuerdas?

Sarah: ¿Qué?, ¿me estás tomando el pelo?

Anisah: ¡Claro que no!

Sarah: Esto es demasiado …

Anisah todavía puede decir unas palabras antes de echarse a llorar:

Anisah: ¡Y más de 100 personas ya han hecho click en «Me gusta»!

---

1 la red social *das soziale Netzwerk*

13. ¿Acoso escolar[1]?

Sarah llama a los demás por teléfono y quedan en seguida con Anisah para ir a hablar con el señor Miranda, el director del instituto. Se dan mucha prisa y llegan a su oficina[2] por poco, porque a las seis de la tarde Miranda siempre se va a su casa.

Sr. Miranda: ¡Hola chicos! ¿Qué hacéis por aquí a esta hora?

Elena: Es que tenemos que hablar con usted. Creemos que hay un grupo de alumnos de nuestro instituto que intenta molestar todo el rato a Anisah y …

Sr. Miranda: ¿Cómo? ¿Qué ha pasado? ¿Quién ha sido?

Anisah: Bueno, la verdad es que yo no sé quiénes son …

Sr. Miranda: ¿Pero qué ha pasado? ¿Qué han hecho?

Anisah: El otro día alguien hizo un dibujo de mí en la pizarra de clase, y ahora una foto de esa imagen está en una red social en Internet.

Sr. Miranda: Entiendo … ¿habéis hablado ya con vuestra tutora?

Esteban: Sí, Nieves preguntó aquel día en la clase, pero al final nos fuimos a casa sin saber quién fue el autor[3] del dibujo.

Esteban: Es cierto, pero yo tengo una idea de quién puede ser … ¡Está claro que esto es acoso escolar!

Sr. Miranda: ¡Un momento! Antes de hablar así, ¿estás seguro de lo que vas a decir?

Esteban: Sabemos que hay algunos chicos que están molestando a Anisah en casi todos los recreos. Además, ahora sólo tenemos que saber quién ha puesto la foto en Internet o comprobar los móviles.

Sr. Miranda: Mirad chicos, yo no quiero problemas en mi instituto por un dibujo en la pizarra. Hablad otra vez con vuestra tutora para buscar una solución y encontrad a los compañeros que han hecho este chiste malo …

---

1 el acoso escolar *das Bullying, Mobbing in der Schule*
2 la oficina *das Büro*
3 el / la autor/-a *der / die Autor/-in, hier: Urheber/in*

Los chicos salen de la oficina y un poco después, el director del centro, toma su móvil y llama Nieves, la tutora de 2° C:

Sr. Miranda: ¡Hola, Nieves! ¿Qué tal? Soy yo, Manuel, te llamo porque unos chicos de tu clase han estado esta tarde aquí y me han dicho que unos compañeros están acosando[4] a Anisah, la chica nueva …

Nieves: Bueno, sí, la verdad es que ha habido un par de problemas con ella en la clase, pero mañana en la Tutoría voy a intentar solucionar[5] el asunto.

Sr. Miranda: Muy bien, Nieves. Pero ten cuidado; ya sabes cómo son estas cosas. Hay que terminar con el problema ahora. No quiero ver el nombre de nuestro instituto en los periódicos o en la televisión por este tema …

Nieves: ¡No te preocupes!

Sr. Miranda: Bueno, pues ya sabes dónde estoy si necesitas ayuda.

Nieves: Tranquilo, seguro que no es para tanto.

---

4 acosar *bedrängen, verfolgen*
5 solucionar *lösen*

14. ¡Tiempo de paz!

Al día siguiente, en la Tutoría, toda la clase de 2° C habló del problema de la fotografía. Después de discutir y explicar durante una hora que el respeto entre las personas es muy importante, todos los alumnos estuvieron de acuerdo en apoyar siempre a los compañeros con problemas. Poco después la foto desapareció[1] de la red social.

A partir de esa hora de Tutoría todo cambió. La vida en el instituto fue fantástica durante las siguiente semanas.

Jaime, Pedro y sus amigos dejaron en paz a Anisah, y así llegó el mes de diciembre, con muchas horas empollando y más exámenes.

Todos los chicos de la pandilla sacaron unas notas bastante buenas, sobre todo Anisah, que tuvo sobresalientes en casi todas las asignaturas.

Cuando llegaron las vacaciones de Navidad[2] todos se alegraron mucho de pasar unos días con su familia y sin deberes, exámenes o profesores.

---

1 desaparecer *verschwinden* **2** la Navidad *Weihnachten*

15. Año nuevo, vida nueva, ¿o no?

El primer día de clase después de las vacaciones de Navidad todos los chicos llegan con muchas ganas de ver a los compañeros que no han visto durante dos semanas. Casi todos traen sus regalos y muestran muy contentos sus relojes nuevos, reproductores MP3 o unos móviles fantásticos.

Sarah: ¿Qué tal tus vacaciones? ¿Qué te han traído los Reyes Magos[1]?

Anisah: Bueno, ya sabes que nosotros los musulmanes[2] no celebramos[3] la Navidad, pero ha sido mi cumpleaños y mis padres me han regalado un móvil nuevo.

Esteban: A ver … ¡cómo mola!

Sarah: Sí, ¡qué guay!

Elena: Es muy moderno. Mi teléfono es bastante viejo. También es más grande que tu móvil, pero es que resulta que mis padres no me quieren comprar otro.

Anisah: Bueno, pero no todo es tan estupendo; yo ahora tengo que pagar mis llamadas y mis mensajes con mi paga …

Desde las últimas mesas, Jaime, Pedro y sus amigos miran el móvil nuevo de Anisah y también charlan sobre los regalos de Navidad.

Al final de la clase, la profesora de Religión se va de la clase y cuando los chicos salen al recreo, Jaime pasa por la mesa de Anisah y toca un poquito su móvil con la mano, que cae al suelo desde la mesa. Pedro y los demás amigos, que lo han visto, estallan de risa y esperan junto a la puerta del aula.

Anisah: ¿Qué haces? ¿Estás loco?

Jaime: ¡Ten cuidado! Has sido tú, yo no he tocado tu móvil.

Anisah: ¿Cómo? ¿Pero qué dices?

---

1 los Reyes Magos *Die Heiligen Drei Könige*
2 el / la musulmán/-ana *der / die Muslim/-a*
3 celebrar *feiern*

Esteban, que también lo ha visto todo, va en seguida a hablar con Jaime:

Esteban: ¿Qué te pasa? ¿Por qué has hecho eso?

Jaime: Contigo no estoy hablando …

Esteban: ¡Déjate de cuentos! ¡Mira el móvil nuevo de Anisah! ¡Está roto[4]! Ahora lo tienes que pagar …

Jaime: Tonterías …

Esteban: ¿Adónde vas? ¡Para! Ahora vamos a hablar con el director para solucionar esto …

Entonces Jaime quiere salir de la clase, pero cuando Esteban intenta pararlo, Jaime empuja a Esteban y empiezan a pelearse[5]. Pronto los amigos de Jaime ayudan a su compañero y pegan también a Esteban, que intenta moverse en el suelo, debajo de Jaime. De pronto llega Fernando, el profesor de Ciencias:

Fernando: Pero ¿qué pasa aquí?

Los chicos se levantan, la ropa de Esteban está torcida y tiene un ojo un poco rojo.

Jaime: Ha sido él, que me ha pegado primero … yo sólo me he defendido.

Esteban: Yo … él me ha empujado … además … el móvil de Anisah …

Jaime: ¿Qué móvil? Yo no he hecho nada …

Fernando: ¡Basta! Estamos en el recreo: ¡Fuera de aquí!

---

4 roto/-a *kaputt*
5 pelearse *hier: sich prügeln*

16. El orientador

Cuando Anisha y Esteban llegan a la cafetería, Javi, Sarah y Elena no pueden creer lo que ha pasado en el aula y la bronca que les ha echado Fernando.

Sarah: ¡Esto ya es demasiado! Hay que hablar otra vez con Nieves o con el director.

Esteban: ¿Para qué? Ellos no nos escuchan …

Anisah: ¿Por qué me odian?

Esteban: Esos tíos son unos idiotas y se meten con todo el mundo.

Elena: Ya lo tengo: podemos hablar con Juan.

Anisha: ¿Quién es Juan?

Elena: Juan es el orientador del instituto. Él nos ayuda con las asignaturas optativas o si tenemos problemas con los profesores o con nuestros padres …

Javi: ¿Cómo no lo hemos pensado antes? Juan es un tío muy majo, seguro que él nos ayuda.

Esteban: Tenéis razón. A mí Juan también me cae muy bien y me parece una buena idea. ¿Qué dices Anisah?

17. Una puerta cerrada

Cuando los chicos llegan a la oficina de Juan, llaman a la puerta y esperan un rato, pero no sale nadie.

Elena: ¡Qué pena! No está …

Javi: Seguro que está en alguna reunión; ¿por qué no hablamos con Nieves?

Anisah: Si Juan es tan simpático y pensáis que puede ayudarme, quizás podemos esperar hasta mañana para hablar con él, ¿no creéis?

Esteban: No sé, no me gusta la idea de no hablar con nadie sobre el asunto.

Anisah: ¡Tranquilo! vamos a esperar hasta mañana; y ahora vamos a la oficina de Primeros Auxilios. Tienes ese ojo fatal, ¿te duele?

Esteban: ¡Un montón!

Anisah lo mira y se alegra de tener un amigo tan bueno como Esteban.

18. Una puerta abierta

Esa misma tarde, después de las clases, Jaime, Pedro y su pandilla esperan a Anisah en la calle, delante de su casa. Cuando ella los ve, se asusta muchísimo y empieza a andar muy deprisa, pero los chicos la paran antes de llegar a la puerta.

Jaime: Ven aquí, señorita Nariz, quiero hablar un momento contigo.

Anisah: ¡Déjame en paz!

Jaime: Por favor, ¡vaya educación! ¿En Marruecos son todas las chicas así?

Anisah: ¡Eres un idiota!

Anisah mira hacia la puerta de su casa, sólo a tres metros de distancia.

Jaime: Sólo te quiero decir una cosa: has tenido mala suerte con tu móvil, pero tu papá puede comprarte otro nuevo; pero si hablas del tema con los profes o con el director, tu cara puede terminar peor que tu móvil.

Jaime, con todos sus amigos detrás de él, empuja a
Anisah y le dice:

Jaime: ¿Has entendido lo que he dicho?

En ese momento, un vecino de Anisah abre la puerta, ella se mueve muy deprisa y entra en su casa.
Jaime y sus amigos, cuando ven al vecino, se dan
prisa y desaparecen de allí en seguida.
Esa misma tarde Jaime y su pandilla también van a
«visitar» a Esteban.

19. ¿Problemas de verdad?

Poco después, Jaime y su pandilla llegan al parque de la calle de Esteban. Cuando Esteban sale a pasear con el perro, ve a los chicos y se asusta un poco.

Jaime: ¡Hola Esteban!

Esteban: ¿Qué haces aquí?

Jaime: Tranquilo, Esteban. No pasa nada.

Esteban: ¿Qué quieres tú ahora?

Jaime: Nada, Esteban, tú me caes bien; pero es que no sé por qué tus amigos y tú defendéis siempre a la señorita Nariz … Si no queréis problemas va a ser mejor para vosotros cerrar la boca …

Esteban: ¿Intentas asustarme?

Jaime: No, Jaime, por favor, sabes que tú y yo nos llevamos bien y nunca hemos tenido problemas …

Esteban: Puedes largarte, ya he comprendido lo que me quieres decir. ¡Fuera de aquí!

Más que nunca, Esteban lo tiene claro: «mañana tenemos que hablar con Juan».

20. Soluciones de verdad

Esa misma noche Esteban habla por teléfono con Anisah sobre el asunto con Jaime y sus amigos. Anisah también le cuenta su historia a Esteban y a la mañana siguiente, los dos están, con los demás de la pandilla, delante de la oficina de Juan cuando el orientador llega al instituto.

Juan: ¡Buenos días chicos! ¿Qué hacéis aquí tan temprano? Pero, Esteban, ¿qué te ha pasado en el ojo?

Esteban: Tenemos un problema muy grande y queremos hablar contigo, quizás[1] tú nos puedes ayudar.

Juan: ¡Por supuesto! Pasad … ¿Cuál es el problema?

Los chicos le cuentan a Juan toda la historia, desde

---

1 quizás *vielleicht*

el primer día de clase hasta las amenazas[2] del día antes.

Juan: De verdad, esto es impresionante, ¿por qué no habéis venido antes a hablar conmigo?

Anisah: No sé, yo soy nueva en el Instituto.

Sarah: Ya hemos hablado con Nieves y con Miranda, pero …

Juan: Habéis hecho bien, es muy importante hablar con los profesores de un problema así.

Esteban: Sí, pero sin embargo, ellos no nos han ayudado.

Juan: Habéis dicho que después de la discusión en la hora de Tutoría todo fue mucho mejor.

Elena: Es cierto, pero después de las vacaciones los chicos acosaron otra vez a Anisah.

Juan: Nieves ha intentado solucionar el problema por el camino más fácil, pero a veces eso no es suficiente.

Esteban: Tienes razón, por eso yo quise defender[3] a Anisah.

Juan: Sé que quieres solucionar el problema, pero ese es un error[4] enorme. En una situación así, siempre es mejor hablar con vuestros padres o con un profesor. Por cierto, ¿qué han dicho tus padres cuanto te han visto ese ojo?

Esteban: Nada, les he contado que ha sido un accidente en clase de Educación Física.

Juan: Las mentiras no ayudan a solucionar los problemas …

Esteban: Lo siento, yo …

Juan: Bueno, no te preocupes, ahora yo voy a hablar con Nieves y con Miranda. Vamos a tener una reunión con los padres de estos chicos y vamos a buscar una solución. Anisah, puedes ir tranquila a clase. Chicos, gracias por venir a hablar conmigo, habéis hecho lo correcto.

---

2 la amenaza *die Drohung*
3 defender *verteidigen*
4 el error *der Fehler*

21. Buenos amigos

Al día siguiente, todo va muy rápido. Juan, el orientador del instituto, llama a la oficina de Asuntos Sociales[1] de Alicante, que mandan a una mujer que organiza en seguida una reunión urgente[2] con el director, los profesores de 2° C y los padres de los chicos. Después de horas de discusiones, por fin todos están de acuerdo con la solución.

Ese día en el recreo sólo hay un tema de conversación[3] en la cafetería, pero desde ese momento la paz vuelve, por fin, al instituto.

Al día siguiente, en la hora de Tutoría, Jaime, Pedro y sus amigos se disculpan delante de toda la clase y piden perdón a Anisah.

Además, los chicos tienen que pagar el móvil a Anisah y hacer 80 horas de trabajos sociales en una ONG[4] del barrio que ayuda a familias de inmigrantes con problemas. Los chicos de la pandilla están muy contentos y después de las clases van a hablar con Juan para darle otra vez las gracias:

Anisah: ¡Hola, Juan! No queremos molestar …

Juan: Pasad chicos, no pasa nada …

Esteban: Es que ya nos hemos enterado del resultado de vuestra reunión con la mujer de Asuntos Sociales y te queremos dar las gracias.

Juan: No me tenéis que dar las gracias, pero me alegro mucho de este final.

Anisah: Yo también, sobre todo por los niños de esas familias. Además, seguro que también Jaime, Pedro y los demás van a descubrir un mundo muy diferente …

Juan: Puedes estar segura …

Anisah: Bueno, ahora ya nos llevamos bastante bien; y ya no me llaman «señorita Nariz», je, je, …

Esteban: Je, je … Me alegro, porque Anisah es un nombre precioso.

Juan: Esteban tiene razón. Por cierto, ¿tiene algún significado especial?

Anisah: ¡Sí! Tiene un significado muy bonito.

---

1 la oficina de Asuntos Sociales *Amt für soziale Angelegenheiten*
2 urgente *dringend*   **3** el tema de conversación *das Gesprächsthema*
4 ONG (Organización non gubernamental *NGO (Nichtregierungsorganisation)*

Esteban: ¿Y cuál es?

Anisah: «Anisah» significa «buenos amigos».

FIN